AF451819

POTAGE BISQUE

IL A ÉTÉ TIRÉ DE CET OUVRAGE :

Une édition de grand luxe, limitée à 200 exemplaires (sur papier impérial du Japon et vélin à la cuve) format in-4º, avec compositions de Carlos Schwab.

25 exemplaires (1 à 25) sur papier des Manufactures impériales du Japon.

175 exemplaires (26 à 200) sur papier vélin à la cuve des Manufactures Blanchet frères et Kléber.

CHARLES DES FONTAINES

POTAGE BISQUE

COMEDIE EN UN ACTE

PREMIÈRES REPRÉSENTATIONS :

A BRUXELLES, AU THÉATRE DU PARC,
LE 16 MARS 1906

A MONTE-CARLO, AU THÉATRE DES BEAUX-ARTS,
LE 3 AVRIL 1906

A PARIS, AU THÉATRE DES CAPUCINES,
LE 5 AVRIL 1906

PARIS

CALMANN-LÉVY, ÉDITEURS

1906

PERSONNAGES

PREMIÈRES REPRÉSENTATIONS

au Théâtre du Parc, à Bruxelles, le 16 mars 1906, et au Théâtre des Beaux-Arts, à Monte-Carlo, le 3 avril 1906.

LAURE DE BELLEVUE . . . . Mlles CÉCILE SOREL
de la Comédie-Française

MADELEINE DE CHATEAUVILLARS   MARCELLE LENDER
du Théâtre des Nouveautés

CHARLES DE CHATEAUVILLARS . MM. PAUL NUMA
de la Comédie-Française

GUY DE TOCQUEVILLE. . . . . . . BLANCHE
du Théâtre des Capucines

UN VALET DE PIED

REPRÉSENTATIONS A PARIS

au Théâtre des Capucines (du 5 avril au 20 juin 1906).

MADELEINE DE CHATEAUVILLARS   Mlles MARCELLE LENDER
du Théâtre des Nouveautés

LAURE DE BELLEVUE . . . . GABRIELLE DORZIAT
du Théâtre du Vaudeville

CHARLES DE CHATEAUVILLARS . MM. PAUL MAGNIER
du Théâtre du Gymnase

GUY DE TOCQUEVILLE. . . . . . . BLANCHE
du Théâtre des Capucines

UN VALET DE PIED

POTAGE BISQUE

SCÈNE PREMIÈRE

MADELEINE DE CHATEAUVILLARS, GUY DE TOCQUEVILLE, UN VALET DE PIED

Au moment où la toile se lève, Madeleine de Chateauvillars est assise dans un fauteuil; à côté d'elle, Guy, assis sur un pouf, cause avec elle; elle joue avec quelques fleurs enlevées d'un vase, puis elle lui passe une coupe contenant des bonbons. Le valet de pied entre :

LE VALET DE PIED

Madame peut-elle recevoir Madame Laure de Bellevue?

MADELEINE

Laure de Bellevue? Qu'est-ce que c'est que ça? Laure de Bellevue!... Je ne la connais pas.

LE VALET DE PIED

Une grande dame blonde, très bien habillée; elle attend dans son coupé.

MADELEINE

Ah! parfaitement, parfaitement; on me l'a présentée avant-hier au bridge chez Madame Dormeuil. Elle joue comme une concierge et elle regarde dans le jeu de ses voisins. Priez-la de monter. (Le valet de pied sort. — A Guy :) Je lui ai dit que je recevais quelques intimes, le mardi de cinq à six. C'est pour cela qu'elle s'est amenée... Maintenant, mon petit, il faut vous trotter; assez de tendresses comme cela... C'est entendu, je vous plais beaucoup, je suis charmante, délicieuse... Mais, je vous le répète, je suis trop jeune pour vous, beaucoup trop jeune... croyez-moi. (Elle l'accompagne à la porte.) Il faut chercher entre quarante-cinq et cinquante ans.

GUY

Oh! Madame!

MADELEINE

Mais certainement. Croyez-moi, vous trouverez facilement, très facilement entre quarante-cinq et cinquante ans.

Guy lui embrasse la main et sort.

SCÈNE II

MADELEINE
LAURE DE BELLEVUE

MADELEINE, seule.

Bachelier ès-lettres, bachelier ès-sciences, refusé

à Saint-Cyr, dix-huit ans, très amoureux; par-
rains : le prince de Tourville et le duc de Belle-
Source. Il croit être reçu par une femme du monde
aussi facilement que par le Comité du Cercle... On
n'est pas à la rue Royale!

Le valet de pied ouvre la porte et fait entrer Laure de Bellevue.

LAURE DE BELLEVUE

Bonjour, chère madame! Comme vous êtes
aimable de me recevoir. Vous allez bien depuis
notre partie de bridge d'avant-hier?

MADELEINE

Et vous, chère madame?

LAURE DE BELLEVUE

Très bien, très bien. Je viens de terminer ma
partie, et comme vous m'avez dit que vous receviez
quelques intimes le mardi à cinq heures, je me
suis empressée de venir vous dire un petit bonjour.

MADELEINE

Vous êtes tout à fait aimable!... Voulez-vous une
tasse de thé?

LAURE DE BELLEVUE

Avec plaisir! Ce sera ma sixième tasse, mais
comme je suis toujours trois quarts d'heure en
retard pour le dîner, cela me permettra d'attendre
sans trop souffrir de l'estomac.

MADELEINE

Vous souffrez de l'estomac? C'est bien pénible.

LAURE DE BELLEVUE

Je veux dire que j'ai des crampes d'estomac quand je ne goûte pas trois ou quatre fois dans le courant de l'après-midi. A part cela, je me porte à merveille.

MADELEINE, servant le thé.

Quelle femme exquise que cette bonne Anaïs Dormeuil! (Se tournant vers Laure :) Un gâteau?

LAURE DE BELLEVUE

Volontiers... Et l'on rencontre toujours chez elle des gens charmants et des joueurs de bridge numéro un, les champions de France et de l'Étranger.

MADELEINE

C'est la maison de Paris où l'on joue le mieux. Mais comment se fait-il, chère madame, que je ne vous y avais jamais rencontrée. J'y vais trois fois par semaine, de cinq à sept heures.

LAURE DE BELLEVUE

J'y vais presque tous les jours, mais pas à la même heure; moi, c'est de trois à quatre heures.

MADELEINE

Vous êtes de la première série.

LAURE DE BELLEVUE

Parfaitement, comme dans les wagons-restaurants.

MADELEINE

Vous avez une robe délicieuse !

LAURE DE BELLEVUE

Elle vous plaît ?

MADELEINE

Elle vous va à ravir. De chez qui est-elle ?

LAURE DE BELLEVUE

De chez Douquin. Il n'y a que Douquin qui sache faire une robe.

MADELEINE

Je suis de votre avis. Vous savez ce que je fais ? Je lui chipe ses modèles et je les fais copier... Il ne faut pas le lui dire.

LAURE DE BELLEVUE, se levant et allant regarder des photographies.

C'est la photographie de vos enfants ?

MADELEINE

Non, chère madame ; je n'ai pas d'enfants. C'est la photographie de mes petits neveux.

LAURE DE BELLEVUE

Ils sont bien gentils.

MADELEINE

Avez-vous des enfants, chère madame ?

LAURE DE BELLEVUE

Hélas non ! mais j'ai un mari.

MADELEINE

Moi aussi. C'est très curieux, nous avons toujours des maris, mais nous n'avons jamais d'enfants !

LAURE DE BELLEVUE

Et vous êtes très heureuse ?

MADELEINE

Pour mon goût, oui. Et vous, chère madame ?

LAURE DE BELLEVUE

Moi, j'ai un mari. J'ai été heureuse, et puis j'ai été malheureuse, et maintenant...

MADELEINE

Et maintenant, vous avez un amant.

LAURE DE BELLEVUE

On vous l'a dit ?

MADELEINE

Non, mais quand on a été heureuse, puis malheureuse, pour redevenir autre chose, la logique veut

que l'on soit consolée, et la consolation c'est, en
général, pour ne pas dire toujours, un amant.

LAURE DE BELLEVUE

C'est de la philosophie.

MADELEINE

De la psychologie, ou, pour parler d'une façon
plus compréhensible, c'est la vie !

LAURE DE BELLEVUE

Eh bien! chère amie, c'est vrai, j'ai un amant;
mais si j'en suis arrivée là, ce n'est nullement par
amour.

MADELEINE

Par vice?

LAURE DE BELLEVUE

Oh, encore moins! Par dépit, uniquement par
dépit, pour me venger : œil pour œil, dent pour
dent... et le reste!

MADELEINE

Cette vengeance vous a-t-elle au moins procuré
de la satisfaction, pour ne pas dire de l'agrément?

LAURE DE BELLEVUE

Une très grande satisfaction pour commencer et
pas mal d'agréments dans la suite.

MADELEINE

Alors, vous êtes heureuse?

LAURE DE BELLEVUE

Très contente, cela me suffit.

MADELEINE

Et votre mari, qu'en dit-il?

LAURE DE BELLEVUE

Il n'en sait pas le premier mot, et il croit que j'ignore sa liaison. C'est ma couturière qui me l'a racontée. Elle l'a rencontré six jours de suite à la même heure, dans le même ascenseur, rue Greuze, à Passy, dans une maison neuve, et, ce qui m'a exaspérée, c'est que c'était une femme du monde, une comtesse dont le mari est en mission au Sénégal, chez les nègres.

MADELEINE

Alors, si votre mari n'en sait rien, ce n'est qu'une demi-vengeance.

LAURE DE BELLEVUE

Pas du tout; je le raconte à toutes mes amies, et c'est ainsi que je suis venue vous le raconter. Ah! ça me soulage et me fait plaisir.

MADELEINE

Vous comprenez la vengeance d'une façon toute particulière.

LAURE DE BELLEVUE

Quand j'ai appris que mon mari me trompait, j'ai eu comme un coup, là, dans l'estomac.

MADELEINE

Ces découvertes-là, ça fait un peu l'effet d'une... indigestion, et puis au bout de vingt-quatre heures, ça passe.

LAURE DE BELLEVUE

Mais je me suis dit que le seul moyen de rester digne, c'était de lui rendre la pareille.

MADELEINE

Vous n'avez pas tout à fait tort, car une femme trompée, ça a toujours quelque chose de ridicule, tandis qu'une femme qui trompe son mari...

LAURE DE BELLEVUE

Quand j'eus bien réfléchi et que mon parti fut bien pris, je me suis dit : « Le sort en est jeté! » Mais avec qui?

MADELEINE

Dans ces cas-là, on a toujours une certaine hésitation : c'est comme quand on va chez le pâtissier. On se dit : « Il faut que je mange un gâteau », et devant la diversité des gâteaux, on hésite, sans compter que l'on peut tomber sur un chou creux.

LAURE DE BELLEVUE

Aussi j'ai hésité. Pour rien au monde je ne voulais un flirt, une liaison, un de ces nombreux admirateurs qui papillonnent toujours autour de nous et qui n'attendent que le moment favorable...

MADELEINE

Pour vous faire faire la chute.

LAURE DE BELLEVUE

Non, c'est assommant; et puis c'est surtout trop compliqué et cela fait perdre beaucoup trop de temps.

MADELEINE

Le flirt sentimental, c'est la mort des couturières et des modistes.

LAURE DE BELLEVUE

Absolument. Je voulais un inconnu qui ne me connaîtrait que sous un nom d'emprunt et que je pourrais quitter du jour au lendemain.

MADELEINE

Comme une voiture de grande remise, un locati.

LAURE DE BELLEVUE

Parfaitement.

MADELEINE

Ah! vous n'êtes pas sentimentale.

LAURE DE BELLEVUE

Nullement. Ça m'était tout à fait égal qu'il fût

brun ou blond, beau ou laid. Je ne tenais pas pourtant à ce qu'il fût trop laid.

MADELEINE

Dans ce cas-là, on ferme les yeux.

LAURE DE BELLEVUE

Non, non, je voulais quelqu'un de bien, un homme chic.

MADELEINE

Évidemment, il faut une certaine prudence.

LAURE DE BELLEVUE

A ma place, qu'auriez-vous fait, chère madame?

MADELEINE

Je ne me suis jamais trouvée dans une situation semblable à la vôtre. Je pratique un autre sport, sport assez dangereux et que je me garde bien de conseiller.

LAURE DE BELLEVUE

Quel est-il?

MADELEINE

J'adore me promener sur le bord des précipices! C'est une griserie tout à fait spéciale, toujours neuve. Le danger, risquer et éviter le danger, c'est admirable.

LAURE DE BELLEVUE

Vous êtes membre du Club Alpin?

MADELEINE

Mais pas du tout. C'est une métaphore, une simple comparaison. Les aventures me poursuivent. Je les recherche, je les combine, je les prépare savamment et je me risque jusqu'au bord du précipice pour me raccrocher au dernier moment, sans me reprocher autre chose que de m'être jouée de quelques imbéciles qui se sont laissés prendre dans mon piège et que je me suis amusée à traîner jusqu'aux dernières limites de la désillusion. Vous voyez, chère madame, que nous jouons à des jeux très différents.

LAURE DE BELLEVUE

Ce sont deux variétés de chasses.

MADELEINE

Et l'on poursuit le même gibier.

LAURE DE BELLEVUE

Vous voulez dire la même bête.

MADELEINE

Voyez-vous, chère madame, cela me rappelle la chasse à courre. Moi, je la pratique à la mode anglaise : après la chasse, on remet le cerf dans une boîte. Vous, vous allez jusqu'à l'hallali...

LAURE DE BELLEVUE

Alors que vous vous bornez à faire les honneurs de la main... Eh bien, pour en revenir à mon histoire, voici comment j'ai fait : Je me suis habillée avec une robe très excentrique et un chapeau de même, très grand, énorme, avec une plume de cent soixante dix-huit francs ; je me suis mis beaucoup de rouge sur les lèvres et du noir sous les yeux.

MADELEINE

Enfin, vous vous êtes fait un maquillage très soigné.

LAURE DE BELLEVUE

Parfaitement ! Et je suis allée... devinez où, ma chère ? C'est ridicule de vous raconter cela.

MADELEINE

Au Jardin de Paris ?

LAURE DE BELLEVUE

Mais pour qui me prenez-vous ?

MADELEINE

Après ce que vous m'avez raconté, on ne sait pas, c'est très difficile.

LAURE DE BELLEVUE

C'était à dix heures du matin, voyons.

MADELEINE

Ah ! à cette heure-là, ça ne doit pas être commode.

LAURE DE BELLEVUE

Je suis allée au Cercle de l'Épatant, rue Boissy-d'Anglas. C'était le vernissage de l'Exposition de peinture. Le peintre Rousseau y exposait mon portrait. Je me suis mise devant...

MADELEINE

Devant le portrait ?

LAURE DE BELLEVUE

Oui, et je me suis dit : « Le premier qui trouvera mon portrait bien, j'en fais mon affaire. »

MADELEINE

Vous avez eu une bien singulière idée.

LAURE DE BELLEVUE

Je me suis dit qu'au Cercle de l'Épatant, il ne doit y avoir que des gens très bien.

MADELEINE

C'est certain, surtout à dix heures du matin.

LAURE DE BELLEVUE

Les cinq ou six premiers visiteurs ne se sont même pas arrêtés.

MADELEINE

Ah! les muffles!

LAURE DE BELLEVUE

Le premier qui passe ensuite est un petit vieux, tout maigre, à barbiche blanche, monocle à l'œil, très frétillant, et encore vert pour ses soixante-dix ans; il trottinait derrière une dame et semblait fort attentif au volant de dentelle d'un fort joli jupon. A son allure 1830, ce devait être un marquis. Il n'a même pas regardé le portrait! Croyez-vous? Puis vient un homme gros, très gros, énorme, avec de petites jambes, une grosse tête et un monocle. Il s'est arrêté devant. J'ai eu peur.

MADELEINE

Pourquoi?

LAURE DE BELLEVUE

Il était vraiment trop vilain!... Mais j'ai été vite tranquillisée. Il a dit tout de suite : « A-t-on idée d'exposer une croûte pareille? » Et il a continué son chemin.

MADELEINE

C'était un artiste, un jaloux.

LAURE DE BELLEVUE

Enfin, au bout d'un quart d'heure, il est arrivé un homme brun, assez bien ma foi, une petite moustache, quarante-deux ans environ...

MADELEINE

Il vous plaisait.

LAURE DE BELLEVUE

Il m'a regardée, puis il a regardé le portrait,
puis il a tourné autour de moi, regardant tantôt le
portrait, tantôt...

MADELEINE

Le modèle.

LAURE DE BELLEVUE

Enfin il a dit : « Mais il est très ressemblant! »
« Ah! monsieur, que je suis heureuse d'entendre
ce que vous dites. Voilà vingt minutes que je vous
attendais. » « Mais, madame, je n'ai pas l'honneur
de vous connaître. » « C'est vrai, monsieur, je veux
dire que j'attendais que l'on trouvât mon portrait
ressemblant. J'ai posé vingt-sept fois, et il vient de
passer un monsieur qui a trouvé que c'était une
croûte! » « Mais qui donc a pu se permettre de
dire une pareille chose? » « Un imbécile, monsieur,
sans aucun doute un imbécile, et de plus, un
monsieur fort laid. »

MADELEINE

Ça ne vous a pas intimidée de causer ainsi avec
le premier venu.

LAURE DE BELLEVUE

Pas du tout. Ça m'est venu tout naturellement,

comme si nous nous connaissions depuis dix ans. Le monsieur m'a accompagnée pour faire le tour de l'Exposition, il a été charmant. Je me suis présentée en lui disant que je m'appelais Juliette d'Arbois. Il a fait de même ; il s'appelle Paul.

MADELEINE

C'est un très joli nom. C'est celui de mon maître d'hôtel.

LAURE DE BELLEVUE

Il est membre du Cercle.

MADELEINE

C'est une garantie.

LAURE DE BELLEVUE

Il m'a invitée à prendre le thé au Grand Palace, à trois heures.

MADELEINE

Et vous y êtes allée?

LAURE DE BELLEVUE

Mais certainement. C'était un membre du Cercle ; il a été très aimable.

MADELEINE

Il vous a payé le thé?

LAURE DE BELLEVUE

Pas du tout! C'est moi qui ai payé.

MADELEINE

C'est un homme du monde!

LAURE DE BELLEVUE

Il m'a invitée à aller prendre le thé chez lui, le lendemain, rue Vignon.

MADELEINE

Et vous y êtes allée?

LAURE DE BELLEVUE

Certainement.

MADELEINE

Et puis?

LAURE DE BELLEVUE

Et puis, et puis,... ça dure comme ça depuis six mois. Voilà!

MADELEINE

Eh bien, c'est un roman qui est original.

LAURE DE BELLEVUE

Mais, je vous le répète, chère madame, de la vengeance, de la pure vengeance, le premier venu.

MADELEINE

Évidemment, le premier venu, mais enfin le pre-

mier venu bien choisi, membre du Cercle. Eh bien,
chère madame, pour ma part, si j'aime à me promener au bord des précipices et braver un peu le
danger, ce n'est pas du tout pour les mêmes rai-
sons. C'est par pur sport, car mon mari ne me
donne pas l'ombre d'une inquiétude, pas la moindre
cause de jalousie. Au contraire.

LAURE DE BELLEVUE

Il vous est fidèle ? C'est bien étonnant.

MADELEINE

C'est-à-dire... Enfin, comme vous m'avez fait vos
confidences, je puis bien vous faire les miennes.

LAURE DE BELLEVUE

Vous êtes gentille, chère madame.

MADELEINE

D'ailleurs, c'est très avouable, ça n'a rien de dés-
honorant ; c'est tout au plus un peu... comment
dirai-je ? un peu vexant.

LAURE DE BELLEVUE

Vous êtes mille fois bonne, chère madame. C'est
un excellent moyen d'établir entre femmes des liens
d'amitié très solides. Cependant, pour ma part, si
je vous ai dit tout cela, c'est plutôt par... vengeance
que par amitié, car nous ne sommes liées que
depuis avant-hier.

MADELEINE

C'est-à-dire, qu'il y a trois jours, à cette heure-ci, nous ne nous connaissions même pas.

LAURE DE BELLEVUE

C'est vrai. Eh bien, votre histoire?

MADELEINE

Mon histoire? C'est à la fois plus simple et plus délicat. Enfin, Charles, car mon mari s'appelle Charles, est un homme très bizarre. Je dis un homme...

LAURE DE BELLEVUE

Pourquoi dites-vous un homme?

MADELEINE

Justement je dis : un homme... parce qu'il en a toutes les apparences, sans en avoir hélas! toutes les qualités.

LAURE DE BELLEVUE

Comment ça?

MADELEINE

Nous sommes mariés depuis sept ans; pendant deux ans, c'était un mari idéal, bon, généreux, complaisant, dévoué, tendre et d'une fidélité à toute épreuve; il ne regardait jamais une autre femme, il n'avait des yeux que pour moi.

LAURE DE BELLEVUE

Et maintenant il est bon, généreux, complaisant et dévoué, mais il a des yeux pour les autres femmes.

MADELEINE

Voilà l'erreur... Il n'a pas d'yeux du tout.

LAURE DE BELLEVUE

Ah! mon Dieu, il est aveugle?

MADELEINE

Mais non! Il n'a des yeux ni pour les autres femmes, ni pour la sienne; c'est clair.

LAURE DE BELLEVUE

C'est très clair. Il se plaît dans la solitude; mais c'est très grave.

MADELEINE

C'est à croire qu'il est devenu neurasthénique. Et ce qui est curieux, c'est que les femmes qui le regardaient autrefois avec une certaine convoitise, ne s'occupent même plus de lui. Il leur fait l'effet de... d'un...

LAURE DE BELLEVUE

D'un volcan éteint.

MADELEINE

Précisément, il est éteint.

LAURE DE BELLEVUE

Ah! ma pauvre amie, je vous plains.

MADELEINE

Vous avouerez franchement que c'est vexant
de vivre à côté d'un volcan éteint. Je ne tenais pas
du tout à être trompée, c'est toujours très désa-
gréable quand cela vous arrive, même quand on
peut se venger; mais c'est une très grande satisfaction de se dire qu'on pourrait l'être et qu'on ne
l'est pas. Tenez, on me dirait maintenant que mon
mari a une maîtresse, cela me ferait plaisir... Pas
longtemps, mais au moins je serais fixée, je saurais
qu'il y a de l'espoir. Je vous l'avoue franchement,
j'aurais préféré être trompée et le savoir... que de
savoir que je ne peux pas l'être.

LAURE DE BELLEVUE

Alors, vous ne savez pas ce que c'est d'être
jalouse.

MADELEINE

Non, malheureusement. Je ne demande que ça.
Mais j'en ai pris mon parti, et j'attends avec patience
et sans trop d'espoir. Et vous, chère madame, votre
petit rez-de-chaussée vous donne-t-il toute satisfaction?

LAURE DE BELLEVUE

Mais oui. (Elle se dispose à s'en aller.) Mais je vous demande pardon, chère madame.

MADELEINE, la retenant.

A vous entendre, j'ai cru comprendre que la vengeance doit avoir du bon pour celle qui l'exerce?

LAURE DE BELLEVUE, reprenant sa place.

C'est-à-dire qu'au début, c'était de la vengeance; à présent, c'est devenu du plaisir : Paul me plaît beaucoup et je l'aime bien.

MADELEINE

C'est toujours rue Vignon que vous vous voyez?

LAURE DE BELLEVUE

Non, Paul a préféré louer un rez-de-chaussée. Nous en avons trouvé un, 26 bis, rue Mogador. C'est très commode : ma corsetière habite à côté, et je fais attendre ma voiture en face.

MADELEINE

Vous le voyez souvent?

LAURE DE BELLEVUE

Tous les jours.

MADELEINE

Et cela dure depuis?

LAURE DE BELLEVUE

Depuis six mois, depuis le six février, exactement cent quatre-vingt-deux jours.

MADELEINE

Une belle lune de miel.

LAURE DE BELLEVUE

Je me suis rendu compte qu'il est dangereux
de juger les hommes de loin.

MADELEINE

Vous voulez dire sur les apparences.

LAURE DE BELLEVUE

Parfaitement. Ainsi, le six février, quand Paul a
prononcé les paroles qui ont décidé de notre sort,
il m'a fait une très médiocre impression : mal
habillé, mal coiffé, mal peigné...

MADELEINE

Enfin, l'air d'un rustre !

LAURE DE BELLEVUE

Vous exagérez un peu. Mais on est souvent
trompé par les apparences ; je n'ai jamais rencontré
un homme aussi difficile sur le choix et sur la
qualité, comment dirai-je ? de ses... dessous. De
plus, il est très soigné de sa personne.

MADELEINE

Quels dessous ?

LAURE DE BELLEVUE

Vous ne comprenez pas bien, chère madame ; je

veux dire que... son petit déshabillé est très élé-
gant.

MADELEINE

Ah!... je vous demande mille fois pardon, je n'y
étais pas. Ces détails ont si peu d'intérêt pour moi.
Je ne sais même pas si mon mari porte ou ne porte
pas de caleçon. Quant à ses vêtements de repos,
ils sont d'un fatigué, les pauvres! Tout ce que je
sais, c'est qu'il est couché tous les soirs à neuf
heures et demie, et il grogne très fort quand Paul
a oublié ses deux cruchons et sa tisane de fleurs
d'oranger.

LAURE DE BELLEVUE

Mon Paul à moi a une passion pour les cravates;
mais il a un goût déplorable, ou plutôt il n'a pas
mon goût. Alors, c'est moi qui les lui choisis :
des régates faites en Angleterre, et, ma chère, il
porte des chaussettes en soie, assorties aux cravates. Je les lui choisis également.

MADELEINE

Cela doit vous prendre beaucoup de temps ?

LAURE DE BELLEVUE

C'est une distraction. J'aime beaucoup les tons
clairs et unis. Tenez, hier, il portait une cravate
vert d'eau et des chaussettes rayées noir et or.
Aujourd'hui, la cravate était violette de Parme et
les chaussettes noires à pois blancs.

MADELEINE

Vous avez une bien bonne mémoire.

LAURE DE BELLEVUE

Comme j'y pense beaucoup, je m'en souviens un
peu. Mais, chère madame, il se fait tard, je vais
être obligée de vous quitter ; il faut que je passe
encore chez ma belle-mère, c'est son jour.

Elle se lève pour partir.

MADELEINE

Un devoir à remplir.

LAURE DE BELLEVUE

Dites une corvée. Mais je suis bien contente
d'avoir bavardé comme cela avec vous. Je suis per-
suadée que nous serons d'excellentes amies. Voulez-
vous que nous nous appelions dorénavant par notre
petit nom ?

MADELEINE

Mais certainement, certainement ; je m'appelle
Madeleine.

LAURE DE BELLEVUE

Et moi, Laure. Au revoir, ma chère Madeleine.

MADELEINE

Au revoir, ma chère Laure.

LAURE DE BELLEVUE

La prochaine fois, je vous embrasserai.

MADELEINE

Il ne faut jamais remettre au lendemain ce que l'on peut faire le jour même. (Elles s'embrassent.) Au revoir, à bientôt.

Laure sort.

SCÈNE III

MADELEINE, *seule*

MADELEINE

C'est une charmante femme, mais elle est un peu folle. Elle doit raconter ses histoires à tout le monde. Mais j'ai été bête, car je lui ai fait également mes confidences. Elle m'a tiré les vers du nez, et avec une aisance... J'ai été tout simplement une oie. (Le domestique entre et apporte le journal et un petit bleu. Elle ouvre le petit bleu et lit :)

« Chère Madame,

Vous êtes trop cruelle. Vous m'avez congédié sans l'ombre d'une pitié. Je vous adore à la folie. Je me permets de vous rappeler ces vers d'un de nos grands poètes, qui me sont encore présents à la mémoire :

Je suis jeune, il est vrai, mais aux âmes bien nées,
La *vigueur* n'attend pas le nombre des années.

Je reviendrai vous voir demain. Je vous prie d'accepter l'expression de mon bouillant amour.

Guy. »

Il se rappelle encore ses classiques ; c'est tout naturel, il sort du lycée. Encore un que je promènerai au bord d'un précipice, pour le remettre ensuite entre les mains de sa bonne.

Elle ouvre le journal Le Temps et se met à lire, étendue sur une chaise longue de façon à n'être pas vue des gens qui entrent. Après avoir rangé le salon, le valet de pied enlève le thé.

SCÈNE IV

MADELEINE,
CHARLES DE CHATEAUVILLARS

CHARLES

Il entre sans la regarder, gardant son pardessus et son chapeau.

Bonsoir, ma petite Madeleine. Ça va bien ce soir ?

MADELEINE

Très bien, cher ami. Je lis, dans *Le Temps*, une nouvelle sensationnelle.

CHARLES

Quoi donc ?

MADELEINE

Un crime épouvantable ! Quatre personnes assassinées.

CHARLES

Il n'y a donc pas de domestique ici pour me prendre ces vêtements ?

MADELEINE

Paul vient à l'instant de m'apporter le journal.
Il ne doit pas être loin, je vais le sonner.

Charles dépose son chapeau et déboutonne son pardessus.
Le valet de chambre vient les prendre.

MADELEINE, sans quitter le journal.

Et qu'avez-vous fait cet après-midi, pour vous
distraire? Il a fait bien mauvais temps.

CHARLES, prenant son calepin et lisant :

« Sorti à une heure, à pied, jusqu'à l'Étoile. A
deux heures, rendez-vous avec Jules Desplanches
au garage Justinien pour regarder une auto. De
trois à quatre, tour du Bois en bécane. »

MADELEINE

Bécane?

CHARLES

Oui, en bicyclette. « De cinq à sept, un écarté
au Cercle et puis retour ici. » Pas bien drôle,
n'est-ce pas ?

MADELEINE

Si cela vous a amusé, c'est l'essentiel. (Charles
s'avance dans le salon et s'approche de Madeleine. Il porte une cravate violette de Parme, très élégante. Madeleine le regarde, très étonnée, et avec un
mouvement de recul, bas et à part :) Mais il a une cravate violette de Parme!

CHARLES

Quoi ?

MADELEINE, à part.

Et les chaussettes?... Si je pouvais savoir.

CHARLES

Et vous, qu'avez-vous fait tantôt?

MADELEINE

Rien... Je voulais passer aux Galeries des Deux-Mondes, mais je n'ai pas eu le temps. Je le regrette beaucoup.

CHARLES

Ah!

MADELEINE

Oui, parce qu'il paraît qu'il y a en ce moment une exposition de chaussettes étonnantes.

CHARLES

Tiens! Tiens!

MADELEINE

C'est si important les chaussettes dans la toilette d'un homme. Ainsi vous, vous ne soignez pas assez vos chaussettes.

CHARLES

Au contraire. J'en ai acheté ces temps-ci de tout à fait jolies.

MADELEINE

Ah! ça me fait beaucoup de plaisir... J'aime surtout les chaussettes à pois blancs... pas de gros
pois. Ah! les petits pois, c'est mon rêve!

CHARLES

Je ne sais pas ce qui vous prend, ma chère amie,
mais je ne m'imaginais pas que mes chaussettes
tinssent une semblable place dans vos préoccupa-
tions.

MADELEINE

Mais pas du tout. Où prenez-vous cela? Pas du
tout. C'est tout naturel. (A part :) Ça ne prend pas...
Comment savoir? (Haut :) Dites-donc, mon ami, vous
n'êtes pas fatigué? Vous êtes pâle.

CHARLES

Mais non.

MADELEINE

Vous avez l'air fatigué... Vous devriez vous dé-
chausser.

CHARLES

Moi?

MADELEINE

Oui, pour mettre des pantoufles.

CHARLES

Pourquoi?

MADELEINE

Je ne sais pas; ça vous reposerait la tête.

CHARLES

Mais non, quelle idée!

MADELEINE, à part.

Manqué. (Haut :) On est mal sur ce canapé à deux.
(Elle se lève et se met sur un siège à côté.) Étendez-vous... tenez,
mettez vos pieds là.

Elle installe Charles.

CHARLES

Mais je suis très bien ici.

MADELEINE, apercevant les chaussettes, pousse un cri.

(A part :) Il a des chaussettes noires à pois blancs!
C'est lui! Mon Dieu, mon Dieu... C'est Monsieur
Paul, de la rue Mogador! (Haut :) Vous disiez tout à
l'heure que de trois à quatre, vous faisiez quoi?

CHARLES, reprenant son calepin.

De la bicyclette. Je pédalais.

MADELEINE

Ah! vous appelez ça pédaler, vous?... Ah! je ne
savais pas que ça s'appelait comme ça. Eh bien!
vous avez un rude toupet. Vous pédaliez en chambre!
26 bis, rue Mogador! au rez-de-chaussée!

CHARLES

Moi?

MADELEINE

Cela vous étonne? Eh bien! le plus étonné de
nous deux, c'est moi, je vous l'assure; mais je ne
vous en veux pas, mais pas du tout. Comment! vous
avez une maîtresse, vous ? Je ne peux pas le croire,
c'est inconcevable. Un homme comme vous, un
mannequin, et depuis six mois, et tous les jours,
de trois à quatre, 26 bis, rue Mogador! Mais c'est
impossible. Mon Dieu, si c'était seulement possible!

CHARLES

Je ne comprends rien, mais rien du tout.

MADELEINE

Mais parfaitement, parfaitement.

CHARLES

Un rez-de-chaussée, 26 bis, rue Mogador, une
liaison, une amie depuis six mois, moi?

MADELEINE

Oui, vous!

CHARLES

Vous faites erreur. Est-ce que j'ai seulement la
tête à avoir, non pas des aventures, mais seulement
une aventure? Vous voulez vous moquer de moi,
c'est une gageure.

MADELEINE

Mais pas du tout. Vous êtes Monsieur Paul, de

la rue Mogador, l'amant de Laure.

CHARLES

Qui ça, Laure?

MADELEINE

Laure de Bellevue.

CHARLES

Laure de Bellevue?... Totalement inconnue, je n'en ai jamais entendu parler.

MADELEINE

Et cette cravate?

CHARLES

Elle vient de chez Carpet.

MADELEINE

Et ces chaussettes... à pois blancs?

CHARLES

Même adresse.

MADELEINE

C'est Laure qui les choisit et qui les achète.

CHARLES

Alors, à présent, c'est Laure qui m'entretient? Elle a peut-être payé les gants, le pardessus, le chapeau, le pantalon, le veston?

MADELEINE

Non, elle choisit seulement les cravates et les chaussettes.

CHARLES

Mais qu'est-ce que c'est que cette Laure?

MADELEINE

Une de mes amies intimes... Je la connais depuis avant-hier, mais je sais qu'elle trompe son mari... par dépit, par rage, pour se venger!

CHARLES

Par dépit, par rage, pour se venger?

MADELEINE

Parfaitement, et elle a pris un homme laid, très laid... mal fichu... enfin, le premier venu.

CHARLES

Très laid, mal fichu, le premier venu.

MADELEINE

Et cet homme laid, très laid, mal fichu, le premier venu, c'est vous!

CHARLES

Eh bien! cette Laure, elle en a du toupet de dire que je suis laid, mal fichu, et... le premier venu. A moi, elle ne me l'a jamais dit.

MADELEINE

Ah! ah! ah!

CHARLES

Je dis qu'elle ne me l'a jamais dit, parce que je ne la connais pas ; je ne connais pas Laure.

MADELEINE

Alors... vraiment... vous ne connaissez pas Laure? Moi qui croyais, qui avais repris un peu d'espoir.

CHARLES

Quel espoir ?

MADELEINE

J'espérais que vous étiez bien Monsieur Paul, Monsieur Paul, de la rue Mogador... enfin, l'amant de Laure.

CHARLES

Pourquoi diable tenez-vous tellement, ma chère Madeleine, à ce que je sois Monsieur Paul, de la rue Mogador?

MADELEINE

Parce que, si vous l'étiez, j'aurais retrouvé un mari.

CHARLES

Alors, vous tenez à retrouver un mari?

MADELEINE

Pensez-vous, mon cher? Depuis cinq ans que je fais maigre...

CHARLES

Il ne tenait cependant qu'à vous de ne pas faire maigre.

MADELEINE

Pour qui donc me prenez-vous? Je suis une femme honnête; je n'ai pas voulu vous tromper.

CHARLES

Vous n'aviez pourtant qu'à vous adresser à...

MADELEINE

A qui?

CHARLES, avec beaucoup de sérieux.

A Monsieur Paul, de la rue Mogador.

MADELEINE, étonnée.

A Monsieur Paul, de la rue Mogador?

CHARLES

Parfaitement, et vous n'auriez pas... trompé votre mari.

MADELEINE

Alors, c'était donc vrai?

CHARLES

Parfaitement. Je suis Monsieur Paul, de la rue Mogador. Mais je ne connais pas Laure. Je connais Juliette d'Arbois, et Juliette d'Arbois ne connaît certainement pas Charles de Chateauvillars. Voilà d'où vient le malentendu.

MADELEINE

Mais alors, comment se fait-il... moi qui vous croyais depuis longtemps... un volcan éteint?... Je l'ai même dit à Laure, il n'y a pas dix minutes, quand elle est venue me raconter son aventure avec vous, sans vous connaître et sans savoir que j'étais votre femme!

CHARLES

C'est de votre faute, uniquement de votre faute. Vous n'avez qu'à vous en prendre à votre jalousie d'abord et à votre indifférence ensuite. Vous vouliez que je n'eusse des yeux que pour vous, que pour vous seule, et, quand j'eus pris cette louable mais fort ridicule habitude, vous avez cru que c'étaient les femmes qui me dédaignaient, et vous vous êtes détachée de moi. Voilà comment je suis devenu Monsieur Paul, de la rue Mogador.

MADELEINE

J'ai cru vraiment... et je me suis trompée, mon ami, je l'avoue.

CHARLES

Oui, vous vous êtes trompée et j'en ai beaucoup

souffert, ma petite Madeleine... mais beaucoup, et
quand vous m'avez, — pardonnez-moi le mot, —
remisé comme un vieux cheval de réforme, j'ai eu
beaucoup de chagrin ; j'ai d'abord été très froissé
dans mon amour-propre, car si Laure me prend
pour le premier venu et me juge avec si peu de
reconnaissance, il y en a d'autres qui n'ont pas été
de cet avis.

MADELEINE

Comment, avant Laure il y en a eu d'autres?

CHARLES

Vous ne voudriez pas, cependant, que j'eusse fait
maigre pendant cinq ans pour vous tenir compa-
gnie?

MADELEINE

Alors, avant Laure?

CHARLES

Mais certainement. Laure ne date que du...

Il cherche dans son calepin.

MADELEINE

Du 6 février.

CHARLES

Ah ! Vous savez ça mieux que moi. Oui, c'est ça,
du 6 février. Eh bien, avant Laure, j'ai été pendant

un an, l'amant d'une très riche Américaine, une
veuve.

MADELEINE

Une Américaine...

CHARLES

De New-York, et comme elle ne me connaissait
que sous le nom de M. Pierre, célibataire, artiste
très célèbre, elle a voulu m'épouser.

MADELEINE

Vous épouser?

CHARLES

Oui, avec une dot de vingt-cinq millions.

MADELEINE

C'est incroyable. Et qu'avez-vous fait?

CHARLES

J'ai dû avouer que j'étais marié et que je ne
pouvais être que son amant. Alors, de désespoir...

MADELEINE

Elle s'est tuée?

CHARLES

Non, elle est repartie pour New-York.

MADELEINE

Et avant l'Américaine?

CHARLES

Ah! voyons...

MADELEINE

Dites !

CHARLES

Vous y tenez?

MADELEINE

Ça me fera plaisir.

CHARLES

Plusieurs autres de vos amies.

MADELEINE

Les rosses!... Et Laure, vous l'aimez? Vous devez
l'aimer.

CHARLES

Pas du tout. Je la supporte. C'est comme elle,
c'est par dépit, par vengeance.

MADELEINE

Par vengeance? .

CHARLES

Oui, pour me venger de votre froideur, de votre
indifférence, pour me prouver à moi-même que je
ne suis pas un mannequin, comme vous disiez
tout à l'heure.

4

MADELEINE

Alors, moi... vous voudriez?

CHARLES

Comment, si je voudrais! Mais je ne demande que cela, je ne pense qu'à vous, je n'aime que vous, je vous adore.

MADELEINE

Ah! Paul! Je n'avais qu'un mari, et maintenant je sais que je vais avoir un homme, un petit homme bien à moi, un petit homme qui a tout ce qu'il faut pour me plaire : une cravate violette de Parme, des chaussettes à pois blancs, de la tendresse, du désir... et des maîtresses qui sont mes amies! Ah! Paul, de la rue Mogador, je suis bien heureuse! Paul, quel joli nom! La rue Mogador, quelle jolie rue! Je voudrais louer tous les appartements de cette rue-là par reconnaissance.

CHARLES

Nous les louerons! Ce sera idiot, mais nous les louerons.

MADELEINE

C'était dangereux tout de même ce petit jeu-là. Car, moi aussi, j'aurais pu devenir Pauline, de la rue de Châteaudun.

CHARLES

Toi ? Tu n'aurais jamais trouvé à louer que rue des Vertus.

MADELEINE

Hélas ! c'est vrai. J'ai de l'honnêteté comme on a du vice. Je suis incorrigible. Comment veux-tu que je lutte avec toi ?

CHARLES

Nous lutterons tous les deux ce soir.

MADELEINE

Et Laure ?

CHARLES

Laure ?... Elle ira rejoindre l'Américaine, ou bien elle fera refaire son portrait.

MADELEINE

Alors, tu la lâches ? C'est bien vrai ?

CHARLES

Certainement, et tout de suite... Je vais lui écrire.
(Il se dirige vers le bureau ; Madeleine se tient derrière lui et le regarde écrire ; puis il lit la lettre suivante :)

« Ma chère Juliette,

Inutile de vous déranger demain. Tout est fini. Ma femme sait tout, c'est vous-même qui le lui avez dit. C'est moi qui étais le volcan éteint de

Madeleine de Chateauvillars, mais je rentre en
activité.

    Votre très reconnaissant

        Charles de CHATEAUVILLARS,
        dit Paul, de la rue Mogador. »

(A Madeleine :) Tenez, voici la lettre, c'est vous qui
l'enverrez, demain matin, si vous le jugez à propos,
et si Paul, de la rue Mogador, vous a donné entiè-
rement satisfaction; sinon, vous la rendrez à
Charles de Chateauvillars.

MADELEINE

Je vais lui ajouter un petit post-scriptum. C'est
une femme charmante, je ne veux pas me brouiller
avec elle. (Elle se penche sur l'épaule de Charles et écrit :)

    « Ma chère Laure,

Sans le savoir, vous m'avez rendu mon mari. Je
vous en remercie de tout cœur; je saurai rat-
traper le temps perdu : si c'est un garçon, il
s'appellera Paul, si c'est une fille elle s'appellera
Laure.

    Votre reconnaissante

        Madeleine de CHATEAUVILLARS. »

(Elle cachète la lettre.) Je vais la faire porter tout de
suite. Un « je tiens » vaut mieux que deux « tu
l'auras ». (Elle sonne, le domestique entre.) Faites porter cette
lettre de suite. (Le domestique prend la lettre et se retire.) Veux-tu
que nous dînions ici comme deux amoureux?

CHARLES

Mais avec joie!

MADELEINE

Devine ce que je vais te commander ? Du potage
bisque!

CHARLES

Mais tu oublies que je suis Paul, Monsieur Paul,
de la rue Mogador.

MADELEINE

Alors, prouve-le!

Ils s'en vont tous les deux, bras dessus, bras dessous, en s'embrassant.

RIDEAU

Imp. G. KADAR
131, Rue de Vaugirard, Paris